AF263124

709

SOCIÉTÉ

DES AMIS DE LA CONSTITUTION,

SÉANTE AUX JACOBINS, A PARIS.

OPINION

DE XAVIER AUDOUIN,

Sur la situation et les ressources de la France;

Prononcée dans la séance du 8 juillet 1792,
l'an 4 de la liberté.

MESSIEURS,

On seroit trop coupable, si l'on cherchoit à s'aveugler sur notre position. Ne métamorphosons plus nos desirs en espérances, nos espé-

A

rances en succès : le moment des illusions est passé; le charme doit cesser; les augures ont parlé; la patrie est en danger. Ayons assez de courage pour attacher nos regards sur les malheurs accumulés sur nos têtes. Sans doute ils seroient effrayans pour qui chercheroit un milieu entre le succès ou la mort : pour nous, nous qui, jouets de la tempête, avons vu sans effroi les éclats de la foudre, nous sommes dignes encore de jouir du calme qui succèdera. Marchons, et renvoyons la terreur et l'épouvante aux hommes qui semblent oublier déjà ce que peut un peuple fort de son union, fort de ses vertus, fort de ses droits, trop long-temps méconnus.

Marchons, il en est temps; mais auparavant, chassons de nos rangs, repoussons de l'arène tout faux frère, dont le cœur ne seroit pas partagé, comme les nôtres, entre le plus ardent dévouement pour la patrie, et la haine la plus implacable des tyrans.

Ne croyons plus à cette modération dont on s'enveloppoit pour nous tromper : tout homme qui se laissera voir à découvert, sera décidément ou l'ami ou l'ennemi de son pays. Les intérêts qui nous occupent sont trop grands, les deux partis sont trop bien prononcés, pour qu'il existe encore de ces atômes, qui, dans les commencemens, pouvoient bien se perdre dans le tourbillon, et céder aux impulsions différentes qu'ils recevoient; mais aujourd'hui ils ont pris une direction propre; ils doivent, ou aider notre marche ou bien l'entraver. S'ils se tiennent encore courbés pour ne pas être aperçus, c'est que, trop lâches pour venir à nous, ils attendent, pour nous attaquer, le moment de notre passage. C'est le comble de la lâcheté de se condamner ainsi à un état de nullité apparente, parce qu'on a besoin de paroître autre que ce que l'on est.

Chassons de nos rangs tous ces prétendus modérés : un modéré est un être à charge à tous les partis ; tous espèrent le gagner, en même temps que tous craignent qu'il leur échappe. Un modéré est un lâche, dont tous les soins se partagent entre le mal qu'il fait et la peine qu'il se donne pour le cacher.

La révolution qui s'est faite dans les choses, s'est faite aussi sentir dans notre langue. On a tellement perverti le sens des mots, que nous aurions besoin d'une nouvelle nomenclature, ou bien il faudra s'accoutumer à entendre chaque expression en sens inverse de son acception. Ainsi il faudra avertir qu'aujourd'hui pour modérés, tolérans, honnêtes gens, gens comme il faut, on veut désigner les êtres qui sont le plus opposés aux idées que ces mots présentent à la pensée. « Mo-
» déré, laissez-vous voir à découvert, et vous serez
» décidément ou l'ami ou l'ennemi de votre pa-
» trie ; ou si le ciel vous fit naître avec un cœur
» assez froid, avec des vertus assez peu pronon-
» cées pour, qu'avec des intentions pures, il'vous
» soit difficile de nous suivre, du moins ayez
» les yeux attachés sur nous ; faites des vœux
» pour nous ressembler, et souvenez-vous qu'en
» patriotisme comme en amour, trop n'est pas
» encore assez ».

Tels sont les sentimens qui doivent embraser les cœurs réellement dévorés de la soif de servir leur pays. Mais c'est peu de l'aimer son pays ; c'est peu de former des vœux pour la prospérité de l'état ; il faut encore saisir avidement les moyens qui peuvent nous assurer des succès. Eh ! c'est encore ici qu'il faut repousser tout homme que les dangers pourroient déconcerter. Notre intétét individuel , les périls que nous courons , la mort même , rien , non rien ne peut être calculé dans le choix des moyens qui sauveront la patrie.

Eh ! qu'importent en effet , qu'importent au malheureux qu'un tourment long et cruel consume , qu'importent les dangers d'un remède violent !.... Si vous craignez qu'une crise vienne à dissoudre toutes ses facultés , prouvez-lui donc qu'il est d'autres ressources ; et si vous le croyez incurable ; si après de longues douleurs vous ne lui offrez encore ue la mort , cruel , ne lui arrachez donc pas la seule ressource qui lui reste ; ne le contraignez pas à languir dans cet état affreux ; puisque vous ne pouvez plus rien , laissez du-moins , laissez la nature faire un grand effort : il faut , ou qu il guérisse ou qu'il meure.

Non ; il n'est plus possible de conjurer les maux accumulés sur nos têtes ; à tout instant notre horizon politique se charge de nuages ensanglantés ; la foudre gronde sourdement , et l'orage n'est pas loin : sachons le braver. Nous avons pu donner au monde un grand exemple ; gardons-nous de souiller tant de gloire par une lâcheté. L'univers a retenti de nos cris ; si nous laissions dire aux nations que les tyrans ont étouffé nos cris , c'en seroit fait de la liberté ; tout ce que nous avons pu tenter ne laisseroit à nos neveux qu'un souvenir douloureux et d'inutiles regrets.

Vous frémissez ! et le souvenir des tyrans vous rend , sans doute , tout votre courage et toutes vos vertus.

Eh bien ! profitez de votre indignation pour vous rappeler qu'il n'est point de pacte avec la tyrannie ; profitez de votre indignation pour vous rappeler que vous ne pouvez attendre des traî res qu'un horrible esclavage , et soyez assez sage pour saisir tous les moyens de le repousser.

Tant qu'il existera des ennemis de l'humanité, tous les bras doivent être levés pour les exterminer. Mais pour que tous agissent de concert, il faut que leur mouvemeut soit sagement dirigé, il faut que leur action, que leur volonté, que tout soit d'accord avec la loi, qui sera leur égide. Or, pour atteindre ce but, voici les moyens que je propose.

Ne parlons pas de ces ressources qu'il ne vous est permis ni de prévoir ni de calculer. Sans doute le hazard nous sert quelquefois mieux que la prudence ; le bien peut naître de l'excès du mal, et aucun pouvoir, je pense, n'est assez grand pour empêcher le peuple, dont les droits sont imprescriptibles, de reprendre, quand il le voudra, l'exercice de sa souveraineté. Mais ces grands moyens ne peuvent être dictés par personne. En attendant qu'ils soient inspirés par le dieu de la liberté, nous devons suivre scrupuleusement la ligne constitutionnelle.

Tous les ennemis de la constitution se rallient autour du trône, comme centre de tons vices et de toute corruption. Eh bien ! tous les bons citoyens doivent environner l'assemblée nationale ; ils doivent se presser autour d'elle, s'y tenir bien serrés ; et pendant que l'on cherche dans nos voix ce qui peut donner la mort au peuple, il faut que nous y trouvions ce qui peut le sauver.

Voici la marche que je vais suivre dans la recherche de nos ressources.

D'abord je vais vous présenter les moyens à employer dans l'intérieur.

Ensuite nos ressources extérieures, c'est-à-dire la direction de nos armées, et quelques réflexions sur notre diplomatie.

Enfin je vous entretiendrai des ressources qui

me paroissent les plus assurées ; ce sont celles que fourniront les sociétés populaires.

Pour ne pas vous empêcher d'entendre d'autres orateurs qui vous instruiront mieux que moi , je me borne à vous proposer aujourd'hui quelques observations sur la conduite que nous devons tenir dans l'intérieur ; et dans la prochaine séance, je remplirai l'engagement que je prends sur notre diplomatie , dont personne ne vous parle , et sur les sociétés populaires.

DE L'INTÉRIEUR.

Vous allez proclamer les dangers de la patrie ; ce cri, qui semble tout dire, ne dit rien en effet, ou du moins il ne suffit pas.

Vous devez dire encore au peuple : la patrie est évidemment trahie. Je sais que cette proclamation vous paroît difficile , parce qu'elle entraîne l'obligation de démasquer les traîtres ; mais d'abord je vous réponds : si vous n'avez pas des preuves suffisantes, ou un courage assez grand pour les mettre au jour, alors on peut faire connoître les effets d'un mal dont la cause est ignorée, et vous pourrez dire que la trahison est manifeste , quoique les auteurs ne soient pas découverts. Quand la vue d'un cadavre percé de coups porte dans votre ame la conviction d'un assassinat, avez-vous besoin, pour être convaincu du crime , avez-vous besoin que l'on vous montre le bras qui a frappé ?

Une chaîne d'événemens affreux vous démontre que vous êtes trahis ; ayez donc la force de le dire ; et si le roi , si ses agens se plaignoient d'être inculpés ; s'ils venoient s'en plaindre à vous, alors élevez-vous à la hauteur de vos fonctions ; répondez au roi qui ose interroger les représentans d'un peuple qui saura les défendre, répondez au roi : oui, nous l'avons dit, la patrie est trahie, et le traître, c'est vous... C'est vous qui, abusant des forces que la nation vous a confié, nous avez traîné au bord de l'abîme ; vous ne nous y précipiterez pas ; voici le moment de la lutte entre vous et nous ; cette lutte va être à mort.

Après cette déclaration, ne pensez pas que l'on vous donne le temps de fournir les preuves et de les acquérir avec des formalités qui ne s'emploient point dans une procédure aussi extraordinaire.

Bornez-vous au raisonnement suivant, bien serré, bien géométrique, et un peu plus expressif que tous les messages proposés.

« Sire, vous avez juré, vous et tous vos agens, vous avez juré de maintenir la constitution, de remplir les devoirs que la nation vous a imposé. Nous n'examinons pas si cette constitution contient réellement tout ce qui est nécessaire à l'ordre et à la sûreté d'un état ; si nous avions des doutes là-dessus, vous ne pourriez pas les partager, vous qui, rejettant les décrets de circonstance, avez déclaré que les moyens constitutionnels suffisoient. Nous n'examinons pas non plus de qui provient le désordre ; les loix donnant à chaque autorité une autorité supérieure pour la surveiller, les loix les ont toutes rendues solidaires les unes pour les autres. Il nous suffit donc de vous dire : nous apercevons un déchirement dans l'état ; les loix, aux yeux des moins clairvoyans, les loix sont sans force.... Eh bien ! vous qui avez promis de les faire exécuter ces loix, vous et tous vos agens exécutifs, vous êtes donc tous des fourbes ou des sots :

dans l'un et l'autre cas , quittez le gouvernail ; vous n'avez pas la force ou vous n'avez pas la volonté de le diriger. »

Voilà tout ce que vous devez au roi. Vous devez davantage au peuple , et vous trouverez votre conduite dans la constitution.

Je ne ferai pas , comme M. Vergniaud , parler le peuple dans une hypothèse où, courbé sous le poids de la tyrannie , sa voix seroit étouffée et ses réclamations deviendroient vaines.... Non , c'est à présent qu'il faut parler ; c'est quand le corps politique est plein de force qu'il faut se hâter de le mettre en action.

Ne violez pas la constitution qui nous donne un roi ; mais ne violez pas non plus la constitution qui déclare le roi déchu en certains cas.

Lisez l'article 5 de la section première du chapitre 2 : « Si le roi se met à la tête d'une armée , » et en dirige les forces contre la nation , *ou* » s'il ne s'oppose pas , par un acte formel à une » telle entreprise *qui s'exécuteroit en son nom,* » il sera censé avoir abdiqué la royauté ».

Et ne dites pas comme M. Vergniaud ; si le roi étoit dans ce cas , il faudroit bien prononcer la déchéance ; mais ayez la force de dire : le roi est dans ce cas, et nous prononçons la déchéance.

Le roi est dans ce cas, parce que c'est lui qui, en accréditant ses frères auprès des cours étrangères , nous a fait déclarer une guerre qu'il pouvoit empêcher.... C'est lui qui est le prétexte ou la cause des efforts combinés contre nous.... C'est lui qui a mis à la tête de nos armées un général que devoit repousser la connoissance bien parfaite qu'il avoit de ce conspirateur. ... C'est lui , c'est le roi qui a dirigé tout le plan de la campagne.... C'est encore lui qui a toujours opposé des forces inférieures à des forces plus grandes, qu'il connoissoit bien.... C'est lui qui s'est entouré d'une garde contre-révolutionnaire. C'est lui qui nous a laissé ignorer les mouvemens des troupes prussiennes.... C'est encore lui qui force à se retirer du Brabant une armée que toute la puissance autrichienne n'auroit pas fait reculer d'un pas.... C'est encore lui, c'est le roi qui, par ses agens, fomente les troubles, attise le feu du fanatisme, protège les factieux, emploie cet or, fruit de nos sueurs, pour nous arracher jusqu'à notre sang.... C'est lui, c'est le roi qui nous a fait tout ce mal; et si ce n'est pas là trahir son pays, qu'appelez-vous donc un traître?

Rien, non, rien ne peut différer l'application de la loi. Législateurs, prenez garde au dépôt qui vous est confié; si la contre-révolution n'est pas assurée; si vous croyez encore à la constitution, à vos sermens, à la souveraineté du peuple, songez à la responsabilité qui pèse aussi sur vos têtes; obéissez à la loi. On peut briser sa faulx impitoyable, mais personne ne la fera plier.

Que votre glaive frappe toutes les têtes coupables, et que le sang des traîtres soit le dernier qui couvre le sol de la liberté.

Pourvoyez ensuite à la défense de la ville où seront tous ces criminels de lèze-nation; établissez dans votre sein un comité chargé de recueillir contre tous les prévenus les preuves de trahison; mais n'attendez pas, pour vous assurer de leurs personnes, n'attendez pas qu'il y ait lieu à accusation. Il est important que tout prévenu de ce crime soit à l'instant même en lieu de sûreté.

Prenez ensuite de grandes mesures pour réprimer de nouveaux attentats, et pour faire face au déficit préparé par le peu d'ordre que l'on aperçoit dans la perception et l'administration de nos finances.

D'abord , pour faire disparoître cette nuée d'hommes qui veulent bien l'exécution des loix lorsqu'elles protègent leurs personnes et leurs propriétés , mais les rejettent aussitôt qu'elles leur imposent des devoirs à remplir; ordonnez que, quand la patrie est en danger , tous les citoyens fassent serment de la secourir par tous les moyens qui seront en leur pouvoir , et qu'ils se rendent personnellement aux lieux qui leur seront indiqués pour la défendre.

Si vous éprouvez de la résistance, vous trouverez ce qui vous reste à faire , non pas de moyen, non pas dans l'histoire romaine que l'on vous a déjà citée ; cette mesure, qui prêteroit à l'arbitraire , semble effrayante, parce que ceux qui ne l'ont pas conçue, supposent qu'elle pourroit être exercée contre des citoyens. Je veux vous en proposer une encore plus forte, et que vous serez obligé de trouver juste.

Portons nos regards sur la révolution d'Angleterre. Quand les Anglois eurent à lutter contre l'évêque de Rome, les Anglois déclarèrent que personne ne seroit forcé de reconnoître les loix nouvelles; mais aussi que personne ne pourroit, dans aucun cas, en réclamer l'appui sans y avoir préalablement adhéré.

A présent, distinguons les droits de l'homme de ceux du citoyen , dont la différence est sensible à tout homme qui sait raisonner. Je dis , la conservation de ces droits, est le but qui nécessite une association ; néanmoins, la volonté de l'être qui se croit assez fort pour s'isoler , ne peut être contrainte par personne; mais aussi, si ses forces physiques ne sont pas suffisantes pour résister à l'oppression , il ne pourra pas réclamer

ppui de l'association dans laquelle il n'est pas
tré , parce que l'état ne doit rien qu'à ses mem-
es ; on n'en est pas membre sans se soumettre
ses loix , et sans en partager les charges comme
s avantages....

D'après ce principe, qui est puisé dans la na-
re , qui découle des premiers élémens politi-
es ; d'après ce principe, nul ne pourra se
aindre qu'à lui-même d'être à la merci de ceux
i attenteront à sa vie ou à ses propriétés.

Adoptez cette mesure, et elle suffira pour ren-
yer la terreur à tous ces hommes qui ont es-
yé de nous effrayer.

Il vous reste à remédier à la détresse de nos
nances; eh bien ! osez faire ce que l'on vous
proposé dans d'autres temps; prononcez la con-
scation des biens des émigrés.

Vous leur ôterez ainsi l'espoir de revenir ja-
ais déchirer notre sein; vous rendrez l'abon-
nce à un pays qu'ils ont désolé.

Vous en avez le droit, par le principe de tout
ontrat social que j'ai posé tout-à-l'heure......
uand vous ne raisonneriez pas d'après ce prin-
pe, vous en auriez encore le droit.

En effet, la souveraineté résidant essentiel-
ment dans la nation, le souverain peut bien,
our l'utilité de tous, regler les destinées de
hacun.

Je sais que l'on ne peut établir que des peines
rictement et évidemment nécessaires ; mais je
emande si cette compensation n'est pas stricte-
ent et évidemment nécessaire pour l'indemnité
ue la patrie a droit d'exiger de ceux qui ont
xcité les nations à violer notre territoire et à
gorger nos frères ?

Profitez de ce moyen pour les frais de la guerre.
i vous adoptez cette mesure, elle ne sera pas

longue ; alors ce qui vous reste, vous l'emploirez à indemniser ces malheureux Belges que l'on a puni de penser comme nous ; vous l'emploirez à récompenser nos braves frères d'armes ; vous ne souffrirez pas que ceux qui ont défendu la liberté, ne puissent jamais en goûter les fruits ; du moins la patrie pourroit offrir à ces soldats un champ qui seroit cultivé avec le fer et le bras qui l'auroit défendu.

Songez que votre souverain a les yeux ouverts sur votre conduite ; toutes ses forces sont là pour vous seconder ; hâtez-vous de répondre à son attente, et que bientôt nos fédérés puissent recevoir l'impulsion que vous devez leur donner.

Après avoir fait rentrer dans la poussière nos ennemis intérieurs ; après nous être lié par un serment solemnel ; après avoir marié nos piques et nos bayonnettes ; après cela, que nous puissions du moins marcher ensemble par-tout où la patrie sera menacée, que nous puissions nous précipiter aux frontières ; et si nous y trouvons encore les satellites des despotes, que tout leur sang marque à jamais le champ de nos victoires, et qu'avant de nous séparer, nous puissions graver cette inscription sur leur tombe : « Ici sont les limites d'un pays qu'un peuple libre ordonne à l'univers de respecter, jusqu'à ce qu'il soit digne de lui ressembler ».

La société, dans sa séance du dimanche 8 juillet 1792, l'an 4 de la liberté, a arrêté l'impression de cette opinion, la distribution à ses membres, et l'envoi aux sociétés affiliées.

SALADIN, *député, président;* BILLAUD-VARENNE, *vice-président;* THURIOT, *député;* GIREY DUPRÉ; RÉAL ; CHEPY ; MATHIEU, *secrétaires.*